LA VIE ET LA MORT

DE SON ÉMINENCE

LE CARDINAL MORLOT

ARCHEVÊQUE DE PARIS

Sa biographie. — Sa maladie. — Sa mort. —
Circulaire de MM. les vicaires généraux. — Mandement du chapitre.
— Deuil général de l'Eglise de Paris.
Hommages rendus aux vertus du cardinal par la presse religieuse. —
Ses obsèques.

Biographie la plus complète qui ait paru jusqu'à ce jour.

Par M. l'abbé TILLOY

DOCTEUR EN THÉOLOGIE ET EN DROIT CANON, MISSIONNAIRE APOSTOLIQUE
ET VICAIRE A SAINT-THOMAS-D'AQUIN

PARIS

A. BOURGEOIS DE SOYE, LIBRAIRE-ÉDITEUR

16, rue de Seine.

—

1863

MÊME LIBRAIRIE

16, rue de Seine

LIVRES DE MARIAGE

—

PAROISSIENS

—

LIVRES DE PIÉTÉ

—

RECUEIL DE PRIÈRES

De Mme la C^sse^ de Flavigny

(ÉDITION A. MAME).

A LA MÉMOIRE

DE

L'ÉMINENTISSIME ET ILLUSTRISSIME PÈRE EN DIEU

Mgr François-Nicolas-Madeleine MORLOT

ARCHEVÊQUE DE PARIS,

CARDINAL DE LA SAINTE ÉGLISE ROMAINE,

DU TITRE DES SS. NÉRÉE ET ACHILLÉE,

GRAND AUMÔNIER DE L'EMPEREUR.

PRIMICIER DU CHAPITRE IMPÉRIAL DE SAINT-DENIS,

SÉNATEUR,

MEMBRE DU CONSEIL PRIVÉ ET DU CONSEIL DE RÉGENCE,

GRAND OFFICIER DE LA LÉGION D'HONNEUR,

NÉ LE 28 DÉCEMBRE 1795,

DÉCÉDÉ LE 29 DÉCEMBRE 1862,

APRÈS AVOIR OCCUPÉ

LE SIÉGE ARCHIÉPISCOPAL DE PARIS PENDANT CINQ ANS,

NEUF MOIS ET DEUX JOURS.

HOMMAGE DE PIÉTÉ FILIALE.

LA VIE ET LA MORT

DE SON ÉMINENCE

LE CARDINAL MORLOT

L'archi-diocèse de Paris vient d'être cruellement éprouvé par la perte de son premier pasteur. Son Éminence le cardinal Morlot a rendu son âme à Dieu le 29 décembre à six heures et demie du matin, après une maladie de quinze jours seulement. C'est une grande et douloureuse épreuve pour l'Église de Paris et surtout pour tous ceux qui ont su apprécier les qualités éminentes du vénérable archevêque; c'est un deuil pour la religion dont il représentait si bien l'esprit de charité divine ; pour l'Église, dont il était l'un des princes les plus dévoués et les plus édifiants; pour son clergé, qui trouvait en lui, dans ses lumières et ses exemples, le guide le plus sûr et un modèle achevé des vertus sacerdotales; pour les malheureux qu'il secourait par ses nombreuses largesses et consolait par sa bonté toute paternelle.

Esquissons à grands traits cette existence qui fut si occupée et si humble au milieu des dignités et des grandeurs, si sereine et si égale au milieu de nos agitations politiques, et enfin si exclusivement consacrée aux intérêts de l'Église de Paris et à la gloire de Dieu.

Mgr François-Nicolas-Madeleine Morlot, archevêque de Paris, cardinal de la sainte Église romaine, du titre des saints Nérée et Achillée, primicier du chapitre impérial de Saint-Denis, grand aumônier, membre du Conseil privé et du Conseil de régence, sénateur, grand officier de la Légion d'honneur, est né à Langres, le 28 décembre 1795, de parents pauvres, qui avaient conservé au milieu de la tourmente révolutionnaire l'esprit de foi que l'on est heureux de retrouver encore aujourd'hui dans l'arrondissement si catholique de Langres. La Providence qui prédestinait le jeune Morlot à la haute mission qu'elle devait lui confier plus tard, voulut l'y préparer de loin par une éducation sérieusement chrétienne dont il puisa les premiers éléments dans sa famille; famille vénérable, dont notre archevêque reçut un nom justement honoré, que lui-même devait illustrer plus tard, par ses vertus autant que par les hautes dignités qui lui étaient réservées.

Semblable en cela à un grand évêque à qui saint Grégoire de Naziance a donné cet éloge, que « si les autres tirent la gloire de leurs aïeux, c'est l'honneur de Basile de l'avoir donnée aux siens (1). » Placé au collége de sa ville natale, il s'y distingua par sa piété, par son travail et par ses succès. Sa famille et ses maîtres n'avaient qu'à se louer de son rare discernement et de ses solides progrès dans ses études littéraires. Les goûts du jeune François annoncèrent de bonne heure une vocation marquée pour le sacerdoce. Il obéit à la voix de Dieu, et comme un autre Samuel, il quitta sa famille pour aller faire ses études ecclésiastiques au séminaire de Dijon. Langres était, depuis le concordat de 1801, annexé au diocèse de Dijon. Le jeune Morlot ne tarda pas à s'y distinguer par sa piété douce et communicative, non moins que par son aptitude. Comme il avait

(1) *Si aliis magnum est aliquid a majoribus ad gloriam accepisse, majus profecto ipse est majoribus suis aliquid ex se adjecisse.* (S. Greg. Naz., or. xx.)

terminé ses études avant l'âge requis pour entrer dans les ordres sacrés, il se livra à l'enseignement et entra comme précepteur dans la famille de Saint-Seine. C'est là que se développèrent cette simplicité et cette délicatesse de manières, cette affabilité toujours grave mais affectueuse qu'on n'a jamais cessé de remarquer en lui. M. l'abbé Morlot fut ordonné prêtre en 1820 et attaché comme second vicaire à la cathédrale de Dijon. Il ne tarda pas à fixer sur lui l'attention de ses supérieurs par sa piété et par la rare prudence dont il fit preuve dès ses premiers débuts dans le saint ministère. On remarquait déjà en lui ce jugement sûr, ce tact et cette délicatesse que l'on devait plus tard admirer dans le prélat. Il avait trente ans à peine, lorsque Mgr de Dijon, qui avait apprécié les qualités remarquables du jeune vicaire, lui donna un témoignage de confiance toute particulière en le nommant, malgré sa jeunesse, chanoine de sa cathédrale et vicaire général. Dans ce poste de confiance, M. l'abbé Morlot sut répondre dignement au choix de son évêque par sa bienveillance et son esprit de conciliation, et il conquit l'estime du clergé et des fidèles de Dijon. Lorsque la nomination de M. Rey à l'évêché de Dijon suscita un conflit entre l'autorité religieuse et l'autorité civile, M. l'abbé Morlot se trouva placé dans une situation excessivement difficile et délicate. Il n'hésita pas un seul instant à prendre la défense des intérêts de l'Église, et il crut que sa conscience l'obligeait à intervenir dans ce conflit. Il fit apprécier dans cette triste affaire sa rare prudence, son habileté, son esprit de conciliation et de justice. Il publia à ce sujet, dans l'*Ami de la Religion*, une série d'observations catégoriques et judicieuses qui furent très-remarquées. M. l'abbé Morlot crut devoir donner alors sa démission de vicaire général. En 1833, il fut nommé chanoine titulaire.

En 1837, après la retraite de Mgr Rey qui fut nommé chanoine de Saint-Denis, le siége de Dijon fut occupé par M. l'abbé Rivet, qui s'empressa de rappeler M. l'abbé Morlot en qualité de vicaire général.

Deux ans plus tard, en 1839, M. Morlot fut nommé par le roi Louis-Philippe à l'évêché d'Orléans. Sa conduite ferme et prudente, l'esprit de sagesse et de conciliation dont il avait fait preuve au milieu des difficultés soulevées par la nomination de M. Rey au siége de Dijon, avaient fixé sur lui l'attention du gouvernement dont il avait combattu avec une persévérante fermeté les prétentions.

Mgr Morlot fut préconisé le 8 juillet 1839, et sacré évêque d'Orléans par Mgr de Forbin-Janson, le 18 août suivant; il ne tarda pas à justifier la haute bienveillance qui l'avait appelé à l'épiscopat. Mgr Morlot réunissait à un haut degré les qualités que réclame le gouvernement des hommes et en particulier la direction des affaires spirituelles : tact exquis, affabilité, esprit d'ordre, piété ardente et éclairée, enfin un sentiment profond du devoir. Le nouvel évêque d'Orléans fit preuve de ces qualités si essentielles au gouvernement d'un diocèse : il s'occupa sérieusement, comme les plus zélés évêques qui avaient gouverné les diocèses de France après les désastres de la tempête révolutionnaire et les ébranlements du premier empire, de réorganiser les institutions et les études ecclésiastiques et de former des prêtres selon le cœur de Dieu pour remplir les vides du sanctuaire. Les qualités éminentes, la prudence, la sagesse et le zèle qu'il déploya dans l'accomplissement de sa charge pastorale, lui concilièrent promptement l'estime des fidèles et du gouvernement. A son arrrivée à Orléans, le 3 septembre, il sollicita selon l'usage et obtint l'élargissement d'un prisonnier. En 1840, il constitua l'officialité diocésaine; conformément aux prescriptions canoniques et aux promesses de son sacre, il prépara le compte-rendu de son diocèse, et il alla le présenter au Pape Grégoire XVI, qui, par un bref du 20 mars 1842, le nomma comte romain et prélat assistant au trône pontifical.

Le siége archiépiscopal de Tours étant devenu vacant en 1842, le gouvernement insista auprès de Mgr Morlot pour le lui faire accepter. Le prélat céda à une haute volonté et une ordonnance du 28 juin 1842 le nomma à ce siége important.

A Tours comme à Orléans, Mgr Morlot se dépensa tout entier au service de ses ouailles.

Pendant les jours difficiles que la France eut à traverser, à la suite de la révolution de 1848, Mgr Morlot se tint en dehors des partis qui divisaient alors le pays. Il laissa passer l'orage en continuant à se dévouer avec activité à la défense des intérêts religieux et sociaux, sans cesser de se donner tout à tous, à l'exemple du Pasteur des pasteurs. Les grands événements qui venaient agiter la France le trouvaient calme, résigné, et confiant dans la puissance et la miséricorde de Celui qui dispose des trônes et des empires.

L'Empereur, qui avait été à même d'apprécier les éminentes qualités du vénérable Prélat, demanda pour lui le chapeau de cardinal au Souverain Pontife. S. S. Pie IX s'empressa d'accorder cette haute distinction à un prélat qui avait si bien mérité de l'Église. Créé cardinal dans le consistoire du 7 mars 1853, sous le titre des SS. Nérée et Achillée, Mgr Morlot reçut le chapeau des mains mêmes du saint père, à Rome, le 27 juin suivant, et il prit place au sénat, conformément à l'article 30 de la constitution, qui statue que les cardinaux français sont sénateurs de droit.

Le cardinal Morlot a laissé dans le diocèse de Tours des œuvres nombreuses et durables, qui y ont perpétué le souvenir de son nom. Plusieurs faits importants ont signalé son passage sur ce siége. Le rétablissement de la liturgie romaine y témoigne de son dévoûment au saint-siége. On doit à son zèle la réforme et la restauration des séminaires, et la fondation de plusieurs établissements religieux. Dès que le décret du 16 septembre 1849 eut autorisé la tenue des conciles provinciaux, Mgr Morlot s'empressa de convoquer ses suffragants, et du 10 au 28 novembre de cette année, il présida à Rennes le concile de sa province. Nous n'avons pas beson de rappeler le courage et le dévoûment dont il donna des preuves éclatantes pendant les sinistres inondations de la Loire. On vit alors le vénérable prélat, à l'exemple du bon Pasteur, voler au secours des victimes du fléau, portant aux uns les consolations de la religion et sollicitant la charité des fidèles en faveur de ceux qui avaient vu leur fortune s'évanouir dans les eaux du fleuve.

Dans la journée du 2 juin 1856, qui a laissé à Tours de si tristes, et si douloureux souvenirs, les habitants consternés attendaient dans l'anxiété et la prière la fin du terrible fléau. La ville était battue de tous côtés par les vagues; déjà même l'eau avait pénétré jusqu'à la rue Royale: la ville allait être submergée. Un cri se fait entendre : « Il faut consolider la levée. » Les plus courageux se mirent à l'œuvre. Le premier qu'on y rencontra fut Mgr Morlot, la pioche à la main, suivi du clergé et du peuple électrisé par le sublime exemple de son évêque.

Un crime horrible et inouï dans les annales de l'histoire de l'Église venait de consterner Paris, la France et l'Europe. Le 3 janvier 1857, Mgr Sibour, archevêque de Paris, était tombé sous le fer d'un assassin, au pied de l'autel de sainte Geneviève, dont il présidait la fête solennelle à l'église Saint-Étienne-du-Mont. Sa mort laissait le siége archiépiscopal de Paris vacant.

Le gouvernement comprit combien il importait de placer à la tête de ce grand diocèse un prélat d'une sagesse et d'une maturité éprouvées. Le choix de l'Empereur se fixa sur le cardinal Morlot, qui fut nommé archevêque de Paris, par ordonnance du 25 janvier 1857. Bien que la question romaine n'eût point encore excité dans le monde catholique les plus douloureuses préoccupations, la responsabilité de l'administration de l'Église de Paris effraya Mgr Morlot. Il s'agissait de recueillir l'héritage glorieusement et tristement sanglant du courageux martyr des barricades, et du vénérable archevêque qui venait d'être immolé au pied des autels, victime innocente d'un lâche et sacrilége attentat.

Mgr Morlot se trouvait à Rome, lorsqu'il reçut la notification du choix de l'Empereur. Il consulta le Souverain Pontife, et ce n'est que sur les conseils et les instances du Vicaire de Jésus-Christ qu'il consentit à accepter la redoutable charge qui lui était offerte. Dans son mandement pour le carême de 1857, Mgr Morlot exprimait à ses chers diocésains de Tours les sentiments de son cœur profondément ému. L'affection qu'il témoignait au troupeau qu'il allait quitter, était un heureux présage de celle qu'il devait témoigner à l'Église de Paris. Nous en donnons ici quelques extraits :

« En venant cette fois, N. T. C. S., vous annoncer le prochain retour de la sainte quarantaine et rappeler à vos souvenirs ma recommandation de chaque année à pareille époque, nous ressentons en nous-mêmes de douloureuses émotions. Vainement essayerons-nous de les dominer et de leur imposer silence ; elles sont trop fortes pour que nous les dissimulions, et nous nous trouvons hors d'état de vous entretenir d'autres choses que de ce qui affecte péniblement notre cœur.

« Ce n'est pas cependant que depuis plusieurs années il nous soit fréquemment arrivé de prendre la parole au milieu de notre famille bien-aimée, sans que nos communications fussent empreintes de tristesse... tant de misères dont nous sommes témoin et dont nous souffrons le premier, faute de pouvoir les prévenir ou les soulager efficacement ; tant de calamités et de fléaux qui sévissent parmi nous, presque sans interruption, n'ont guère cessé d'abreuver notre cœur d'une grande amertune... Pourquoi faut-il qu'aujourd'hui une pensée plus triste à certains égards, et plus douloureuse encore que tout le reste, celle d'une séparation probable et prochaine, s'ajoute à nos autres afflictions ?

« Alors que nous entreprenions, il y a quelques semaines, un nouveau voyage à Rome pour y porter les hommages et les sentiments de notre cœur devant les tombeaux des saints apôtres et aux pieds de l'auguste pontife, objet de notre vénération et de notre amour, nous pensions n'avoir à vous dire au retour que des paroles de bénédiction, de joie et d'espérance, comme il arrive toujours à un évêque après d'heureux moments passés près de la source la plus vive et la plus abondante ici-bas de toutes consolations. Puis, fortifié par la vertu d'en haut et par les encouragements ineffables du Vicaire de Jésus-Christ, nous voulions reprendre avec une ardeur nouvelle l'œuvre à laquelle notre existence entière était vouée dans ce glorieux héritage des Gatien et des Martin. Mais la sainte Providence, dont les décrets sont impénétrables, en avait autrement décidé.... A la suite de l'horrible et à jamais déplorable attentat qui a privé une grande Église de son pasteur, nous n'avons pas tardé de comprendre que nous pourrions être appelé à recueillir sa sanglante succession ; et bientôt nous avons dû courber la tête en esprit d'obéissance devant les plus hautes et les plus imposantes manifestations de la divine volonté.

« De tels sacrifices, N. T. C. F., ne s'accomplissent pas sans déchirement de cœur, et dans ces circonstances si solennelles que nul de vous n'ignore présentement, tout ce que nous voyons parmi vous, ce que nous recueillons continuellement de témoignages de votre sensibilité et de votre attachement, met le comble à notre affliction et à nos cuisants regrets.

« S'il faut décidemment que cette séparation se consomme, rien ne pourra nous en consoler, si ce n'est de savoir que vous ne cessiez jamais de recueillir avec abondance les dons du Ciel et les grâces de Dieu, en travaillant avec une ardeur croissante à vous en rendre dignes. Selon la recommandation que faisait le grand apôtre aux fidèles de Corinthe, et que nous rappelons ici avec d'autant plus d'intérêt et d'à-propos que rien ne convient mieux à la disposition d'esprit où nous sommes en ce moment, et aux sentiments qui surabondent en nous : « Nous vous supplions donc de marcher toujours d'une manière digne « de votre vocation, dans l'humilité, dans la douceur, dans « la patience : vous supportant mutuellement en toute « charité, vous appliquant à conserver l'unité d'un même « esprit dans le bien de la paix... agissant non comme des « enfants qui flottent à tout vent et se laissent emporter çà « et là, jouets de toutes sortes d'illusions et d'erreurs ; « mais comme des créatures nouvelles et se renouvelant « sans cesse en se revêtant de l'homme nouveau, qui est « Jésus-Christ ; étant attachés invinciblement à sa vérité « dans la charité, et croissant en toutes choses par Jésus-« Christ et en Jésus-Christ. » (Ephes., IV.)

« Bien-aimés collaborateurs qui nous avez environné de tant d'affection et de confiance, paroisses riches encore de tous les trésors de la foi et des bonnes mœurs, familles vénérables où se conservent et fleurissent toutes les traditions de l'honneur et de la vertu ! âmes grandes et généreuses qui avez si noblement répondu à notre attente et que nous avons vues plus d'une fois devancer l'expression de nos désirs, pour répandre avec une précise et intarissable munificence les secours et les bienfaits... ; vous tous qui appartenez à cette portion de l'héritage de Jésus-Christ, belle et célèbre entre toutes les autres ; Dieu nous est témoin que si nous sommes éloigné, rien ne pourra nous détacher de vous, ni affaiblir au fond de notre âme le souvenir reconnaissant et fidèle des jours où nous vous appartenions entièrement, où vous étiez vous-mêmes à nous comme des enfants à un père. »

Deux organes importants de l'opinion rendaient le même hommage au cardinal Morlot :

« Par ses vertus, disait *l'Union*, par sa douceur, par son amour du bien et de la paix, Mgr Morlot était digne d'être appelé à ce siége si périlleux et si élevé. On a pu faire de lui ce rare éloge qu'il a beaucoup d'amis et pas un adversaire. Puissent ces qualités, puissent sa piété profonde et son dévoûment à l'Église lui rendre moins difficile cette charge pastorale, redoutable aux anges mêmes ! »

« La puissance de l'épiscopat, disait de son côté *le Journal des Débats*, cette puissance toute morale, réside essentiellement dans la confiance et dans le cœur de ceux sur qui elle doit s'exercer. Cette confiance, M. le cardinal Morlot la possède d'avance. Il s'y est acquis de justes titres par sa piété sans ostentation, par ses vertus modestes, par les lumières de son esprit, la charité de son cœur. Toutes les classes de la population parisienne accueilleront donc avec bonheur la nomination de M. le cardinal Morlot. Les pauvres sont sûrs de trouver en lui un bienfaiteur et un père; les savants et les gens de lettres, un guide tolérant et pacifique, un ami, nous dirions presque un confrère ; la société, un modèle des vertus les plus douces et les plus aimables. Le gouvernement s'est montré vraiment digne de sa haute et délicate mission, en donnant M. le cardinal Morlot pour successeur aux pieux et vénérables prélats qui ont honoré le siége archiépiscopal de Paris. »

Mgr Morlot fut nommé archevêque de Paris par un décret impérial du 26 janvier. Ainsi, après un veuvage de vingt et un jours seulement, notre église métropolitaine recevait un nouveau pasteur. C'était un prince de l'Église, un membre du sacré-collége qui était appelé au siége de Saint-Denis, à ce siége auguste sanctifié par le sang pur et généreux de Mgr Affre, et si cruellement éprouvé par le meurtre récent de Mgr Sibour. L'Église de Paris accueillit avec une joie générale la publication du décret impérial. Cette joie était justifiée d'ailleurs par les rares et solides qualités, et surtout par la sagesse et la prudence consommée de l'éminent cardinal.

Dans leur Mandement pour le carême, MM. les vicaires capitulaires, administrant le diocèse de Paris, le siége vacant, se firent l'écho de la joie universelle avec laquelle fut accueillie la nomination de Mgr Morlot.

« Nous ne terminerons pas, N. T. C. F., disaient-ils, sans

nous féliciter avec vous de ce que notre Église touche au terme de son douloureux veuvage. Après l'épreuve lamentable que nous venons de traverser et la perte cruelle qui nous a plongés dans le deuil, Dieu daigne jeter sur nous un regard de miséricorde ; nos vœux ont été entendus, et un pontife nous est destiné, qui, par sa sagesse et ses vertus si universellement appréciées, saura guérir notre blessure encore saignante et confirmer le bien que son pieux et saint prédécesseur a fait dans le diocèse de Paris. Redoublons nos prières et multiplions nos bonnes œuvres, pendant ces jours de salut qui approchent, pour appeler toutes les grâces et les bénédictions du Ciel sur notre nouveau pasteur et sur son épiscopat. »

Préconisé dans le consistoire du 19 mars 1857, Mgr Morlot prit possession de son nouveau siége le 25 avril de la même année. L'éminent cardinal justifia la réputation qui l'avait précédé dans la capitale. Il fut à Paris ce qu'il avait été à Tours, évêque prudent et dévoué à ses ouailles, qui furent l'objet constant de ses préoccupations. Esprit droit, appliqué, laborieux, nous pourrions dire opiniâtre au travail, il consacrait toutes ses journées et ses veilles aux devoirs de sa charge pastorale. Avare de son temps, quand les bienséances du monde le réclamaient, il en était toujours prodigue pour les besoins de son Église.

Depuis quelque temps le gouvernement négociait avec Rome le rétablissement de la grande aumônerie. Cette affaire fut heureusement conduite et terminée. Quelques mois après son installation sur le siége de Paris, Mgr Morlot fut nommé grand aumônier de l'Empereur et primicier du chapitre impérial de Saint-Denis. Une nouvelle dignité lui était réservée. Après l'attentat d'Orsini, l'Empereur institua le Conseil privé, qui avait pour but de sauvegarder les intérêts de l'État et de la famille impériale. En tête de la liste des membres qui furent appelés à composer ce Conseil, l'Empereur plaça le cardinal Morlot.

Il appartient à d'autres qu'à nous de rappeler les actes de

l'administration du cardinal-archevêque de Paris. Nous nous bornerons à rendre ici un légitime hommage à la sagesse et à la prudence consommée dont il fit preuve dans l'administration de son diocèse et dans ses rapports avec le gouvernement. Mgr Morlot fut avant tout un évêque dévoué à son Église. Il savait que le Saint-Esprit « a établi les évêques pour régir l'Église de Dieu ; » aussi se dévoua-t-il tout entier à cette œuvre laborieuse. Quel pasteur s'est plus oublié pour n'appartenir qu'à son peuple et à son clergé? De même que le grand Apôtre embrassait dans sa sollicitude toutes les Églises, le pieux archevêque de Paris embrassait de la même sollicitude toutes les paroisses de son diocèse. Levé tous les jours dès quatre heures du matin, il donnait la première partie de sa journée aux devoirs de la piété, puis s'occupait des nombreuses affaires de sa charge pastorale. Il n'était étranger à rien de ce qui pouvait intéresser le bien de ses diocésains et la gloire de Dieu. Il visitait son diocèse avec une assiduité et un zèle infatigables. Il n'est pas une paroisse, pas une humble chapelle qu'il n'ait visitées; pas une œuvre de charité qu'il n'ait encouragée. Il aimait à s'associer à ses prêtres en présidant à la solennité des fêtes patronales de chaque paroisse. Le soleil levant commençait son pénible apostolat, le soleil couchant le finissait. Le corps était brisé, mais l'âme était contente. Le pieux archevêque s'endormait dans les images du zèle et de la charité; il avait béni les enfants, visité son peuple; il avait vu de ses propres yeux le bien qui se faisait dans les paroisses; il s'était associé aux consolations et aux labeurs de ses prêtres; il était heureux.

On sait la part active qu'il prit au développement du culte dans Paris et dans la banlieue. Il usa de son influence auprès du gouvernement pour obtenir l'érection de nouvelles paroisses. Chaque année, aidé du concours de l'État et au prix de sacrifices personnels dont Dieu seul a le secret, il dotait la capitale d'un nouveau temple, ou il favorisait la fondation de quelque établissement de charité, destiné soit au soulagement des malheureux, soit à l'éducation chrétienne des enfants du peuple. Ces paroisses et ces établissements resteront comme un éternel monument de sa sollicitude pastorale.

Convaincu que le secret de la réforme des sociétés est dans l'éducation, et que le secret de l'éducation est de faire à l'enfant une âme chrétienne, Mgr Morlot ne perdit jamais de vue ce grand objet. Il ne mettait rien au-dessus de ce ministère si délicat et si utile du prêtre sur les jeunes âmes, pour les initier à la vie chrétienne. Aussi sa vigilance pastorale divisée par tant et de si graves intérêts, trouvait-elle du temps pour s'occuper de celui-ci ; il suivait avec l'inquiétude d'une sainte tendresse toutes les œuvres que la charité faisait éclore à Paris, pour assurer une éducation chrétienne aux enfants pauvres. On sait de quelle sollicitude il entourait l'œuvre admirable des Dames de Sainte-Geneviève, destinée à créer des écoles dans les paroisses pauvres de la banlieue. Cette belle œuvre a pris d'immenses développements sous le patronage de l'éminent cardinal. L'œuvre des patronages lui était également chère ; il aimait à présider ses assemblées générales, et il prélevait des sommes considérables sur ses revenus pour la soutenir.

Quelques jours avant sa mort, il réunissait dans son salon les membres du conseil de *l'œuvre des aliénés pauvres de la Salpêtrière et de Bicêtre*, et il adressait aux honorables fondateurs de cette œuvre les encouragements les plus sympathiques et les plus paternels.

Sa charité pour les pauvres était inépuisable ; j'oserai même dire qu'elle était saintement imprudente. Dieu seul connaît le nombre des indigents qu'il assistait. Ses revenus appartenaient bien plus aux pauvres qu'à lui-même ; il ne s'en considérait que comme l'administrateur. Il réduisait ses dépenses personnelles au strict nécessaire, menait une vie sobre et dure, afin de pouvoir apaiser plus de souffrances en augmentant le chiffre de ses aumônes. On nous a assuré qu'il était mort après avoir anticipé sur les revenus de ses charges, pour pourvoir aux besoins des pauvres, à cette époque si difficile de l'année.

Pendant le cours de son épiscopat, Mgr Morlot fut, pour son clergé, un père et un ami. Il a su, par une grande bonté d'âme, par une modération ferme et mesurée dans le gouvernement de son Église, conquérir l'estime, la vénération et l'amour de ses prêtres. Élevé au faîte des dignités ecclésiastiques et civiles, le vénérable Prélat n'a pas cessé un seul instant de conserver cette touchante simplicité qui est le cachet de la vraie grandeur. Il portait le poids des honneurs avec cette aisance et cette humble modestie qui caractérisent une âme supérieure aux séductions de la gloire humaine. Partout où il paraissait, et surtout dans l'assemblée de ses prêtres, il était bon, prévenant, accessible à tous. Nul n'avait mieux compris que lui la nature et le caractère de la puissance ecclésiastique, qui ne doit pas savoir dominer, mais servir. *Reges gentium dominantur eorum, vos autem non sic.*

Au milieu des dissentiments qui s'élevèrent dans plusieurs circonstances parmi les catholiques, Mgr Morlot fit preuve d'une grande prudence et d'une sage réserve en restant en dehors de tous les partis. Doué d'un esprit droit, ferme et modéré, d'un sens pratique exquis dans la science des hommes, il s'abstenait de mêler son nom aux questions irritantes, parce qu'il était convaincu, et l'expérience lui a malheureusement donné raison, qu'elles ne servaient, la plupart du temps, qu'à troubler l'Église, à diviser les forces catholiques, et à rendre impossible cette unité d'ensemble si nécessaire aujourd'hui surtout pour repousser les ennemis du dehors.

Entre les deux partis catholiques qui comptent dans leurs rangs des publicistes distingués, des chrétiens sincères et dévoués à l'Église, Mgr Morlot fut toujours l'homme de la conciliation. Il se tint à égale distance des deux camps opposés. Il était l'homme de la modération dans le sens vrai du mot, non de cette modération qui abandonne les principes et transige avec l'erreur, mais de cette moderation qui se tenant également éloignée des systèmes qui diminuent la vérité, comme de ceux qui l'exagèrent, garde cette ligne moyenne dont la vérité ne s'écarte jamais. Il aimait et il pratiquait cette modération qui cherche à rapprocher les hommes et à vaincre l'erreur par le charme des procédés que la charité inspire et bannit des débats, les invectives qui irritent les esprits et le fiel qui aigrit les cœurs. Il semblait avoir pris pour devise ces belles paroles d'un père de l'Église : *Omnium virtutum generatrix custos moderatrixque prudentia est.*

Toutefois, cette modération du cardinal Morlot ne fut jamais de la faiblesse. Il était ferme dans sa modération, inébranlable sur les principes ; il savait ne faire aucune concession à l'erreur, sans jamais la pousser à aucune violence, et quand il en était besoin, il mettait en pratique la maxime de saint Augustin : *Non ita arrogantia caveatur ut veritas deseratur.*

Le cardinal Morlot sut concilier son dévoûment au saint-siége, avec les dignités qui le rapprochaient du trône. L'annonce de la guerre d'Italie lui causa de légitimes appréhensions. Aussi, tout en bénissant avec les évêques de France, les succès de nos armes en Italie, il réclama avec eux le respect des droits du saint-siége, auquel il était dévoué du fond de ses entrailles, et dont il recommanda plusieurs fois la cause, dans ses lettres pastorales au clergé et aux fidèles de son diocèse. Après l'invasion des Marches et de l'Ombrie, la première adresse envoyée à Sa Sainteté Pie IX, fut l'adresse signée et rédigée par le clergé de Paris, réuni au grand séminaire de Saint-Sulpice, sous la présidence du vénérable cardinal. L'un des premiers services funèbres pour les généreux défenseurs de la souveraineté pontificale immolés à Castelfidardo, fut célébré par Son Éminence. Le denier de Saint-Pierre fut rapidement organisé par ses soins dans le diocèse de Paris, et avec un grand succès ; la dernière lettre qu'il a adressée à son clergé avant sa mort, avait pour objet de recommander cette œuvre.

Appelé comme cardinal à siéger au sénat, Mgr Morlot y défendit les droits du saint-siége. Il y prit la parole dans plusieurs circonstances importantes. Le 30 mars 1858, il y prononça un discours à l'occasion d'une pétition sur les congrégations religieuses. Le 29 mars 1860, il soutint le renvoi au ministre des affaires étrangères des pétitions en faveur du pouvoir temporel du pape. Depuis, il prit part à la discussion de l'adresse. Enfin, il adressa, le 24 juillet 1860, une éloquente circulaire au clergé de son diocèse, en faveur des chrétiens de Syrie.

Aussi quand, il y a quelques mois, Pie IX convoqua à Rome les évêques de la catholicité, il témoigna au cardinal de Paris le plus cordial accueil et la plus vive sympathie. Ce fut une immense consolation pour le cardinal qui, outre la conscience d'avoir rempli son devoir, voyait ses intentions et ses actes noblement appréciés par celui qui seul avait le droit de les juger. Nous ne parlons point d'autres événements où il a défendu avec la même énergie et la même sagesse les intérêts religieux. Ceux qui sont au courant des affaires politiques savent avec quelle fermeté il plaida à Fontainebleau la cause de la Société de Saint-Vincent de Paul.

La fin de Mgr Morlot fut digne de sa vie. Depuis quelque temps la robuste santé de l'éminent cardinal commençait à s'affaiblir : Mgr Morlot paraissait atteint d'une hypertrophie du cœur, dont il dissimulait les souffrances. Vers le 15 décembre, le mal prit des proportions inquiétantes. Le pieux prélat ne se dissimula pas un seul instant la gravité de sa situation. Il comprit que ses jours étaient comptés et que Dieu allait bientôt l'appeler à lui. Toutefois il continua de se livrer à ses travaux habituels autant que son état le lui permettait, et se dévoua jusqu'à la mort au service de son Église. Le jeudi, 25 décembre, il voulut assister à la messe de minuit qui fut célébrée dans sa chapelle, et il y reçut la sainte communion.

Le vendredi, 26, le mal parut stationnaire. Les médecins conservaient encore l'espoir de sauver le malade. Mais dans la nuit du vendredi au samedi, les souffrances du cardinal Morlot furent telles, qu'il crut que sa fin était prochaine. Il se leva et se traîna jusqu'à la chambre de son domestique pour faire prévenir ses grands vicaires qu'il désirait recevoir les derniers sacrements.

C'est M. l'abbé Buquet, archidiacre de Notre-Dame et vicaire général, qui lui a administré l'extrême onction en présence de MM. les vicaires généraux et de ses secrétaires.

Le samedi matin, les bulletins de la santé du cardinal laissaient peu d'espoir; ils constataient en même temps la résignation touchante avec laquelle l'éminent prélat qui avait conservé l'usage entier de ses facultés, supportait ses souffrances. On peut juger de la violence du mal par ce seul fait, que le malade ne pouvait demeurer couché sur son lit, et qu'il a dû reposer sur un fauteuil, tant les douleurs étaient violentes et continues. Mgr Morlot supporta ses douleurs avec le plus grand calme. Pendant tout le temps de sa maladie, il montra une résignation, une sérénité, un détachement des choses de la terre, qui ont vivement ému ceux qui l'entouraient, et qui prouvent combien cette âme avait été vivifiée par les vertus sacerdotales, combien elle avait souffert et lutté.

Voici les bulletins du vendredi soir et du samedi :

Huit heures du soir.

« L'état de monseigneur l'archevêque est toujours très-grave. Son Éminence est d'une extrême faiblesse. »

Huit heures du matin.

« La première partie de la nuit a été assez calme, et il y a eu quelques instants de sommeil. Le reste de la nuit a été pénible, agitée. pleine d'angoisses. Son Éminence, quoique d'une faiblesse extrême, supporte ses souffrances avec une résignation admirable. »

Quatre heures de l'après-midi.

« La situation est toujours la même; faiblesse extrême, suffocations fréquentes. »

Le même jour, MM. les vicaires généraux recommandaient l'illustre malade aux prières du clergé et des fidèles par la lettre-circulaire suivante :

« Paris, le 26 décembre 1861.

« Monsieur le curé,

« Mgr l'archevêque est atteint, depuis plusieurs jours, d'une maladie qui nous inspire de très-vives inquiétudes.

« Dans ces tristes circonstances, nous avons senti le besoin de recourir à Dieu, qui seul tient entre ses mains, la santé et la maladie, la vie et la mort. *Dominus mortificat et sublevat, deducit ad inferos et reducit.*

« Monseigneur l'a compris lui-même : car il a voulu recevoir la sainte communion dans la nuit de Noël, et l'extrême-onction dans la matinée d'aujourd'hui.

« Nous vous engageons donc, monsieur le curé, à recommander aux prières de votre clergé et des fidèles notre vénéré pasteur, afin que Dieu le conserve à son diocèse, qu'il gouverne avec tant de sagesse, et à l'Église, dont il est un des plus dignes et des plus saints pontifes.

« En conséquence, nous ordonnons :

« 1° De faire les prières des quarante heures dans l'église métropolitaine, dans toutes les églises et chapelles du diocèse; les trois jours qui suivront immédiatement la réception du présent avis;

« 2° De dire à toutes les messes les oraisons *Pro infirma* et *Deus nostrum refugium*, n°s 75 et 52 parmi les oraisons diverses;

« 3° De chanter au salut le *Domine non secundum* avec

l'oraison *Exaudi, quæsumus, Domine*, le psaume *Miserere* et l'oraison *pro D. Archiepiscopo*.

« Agréez, monsieur le curé, l'assurance de notre affectueux dévoûment.

L. BUCQUET, vic. gén.,
A. SURAT, vic. gén.,
P. VÉRON, vic. gén. »

Conformément à cette circulaire, les prières prescrites ont été faites dans toutes les églises du diocèse. Les fidèles se sont empressés de répondre à l'appel de MM. les vicaires généraux et sont venus prier pour leur premier pasteur, témoignant ainsi des regrets universels et de la douleur profonde que sa maladie excitait dans toutes les classes.

Une affluence considérable de fidèles n'a cessé de se faire insérer au palais archiépiscopal. Les vertus du prélat et sa charité surtout, lui avaient gagné les sympathies les plus vives dans tous les rangs de la société.

Dans la nuit du samedi au dimanche, les progrès toujours croissants du mal ne laissèrent plus aucun espoir. Le cardinal demanda le saint viatique qu'il reçut en présence de MM. les vicaires généraux, du chapitre, et du clergé de sa maison. Le vénérable prélat a été dans ce moment suprême admirable de foi, de piété et d'humilité chrétienne. Après la cérémonie, il adressa quelques paroles au clergé qui l'entourait, il rappela avec un calme et une simplicité vraiment exemplaires les principaux actes de sa vie, toute consacrée à l'Église et aux bonnes œuvres, et il remercia MM. les vicaires généraux du concours dévoué qu'ils lui avaient prêté pendant son laborieux épiscopat. Le cardinal reçut les derniers sacrements, le jour et à l'heure où il accomplissait sa soixante-septième année. Le vénérable prélat avait eu le pressentiment de sa mort, car on assure qu'il disait, la veille, avec les sentiments de la résignation la plus touchante : « L'anniversaire de ma naissance sera le jour de ma délivrance. »

La journée du dimanche fut encore plus mauvaise que les précédentes. Voici les bulletins du jour :

Sept heures du matin.

« Nuit moins mauvaise que les précédentes, mais toujours sans sommeil, et, par suite, agitée; état de la maladie toujours grave, mais stationnaire. »

Dix heures.

« Depuis le bulletin ci-dessus, aggravation du mal. Les médecins qui viennent de se réunir sont très-inquiets. »

Le docteur VIGNOLO.

La nuit du dimanche au lundi fut la dernière que le cardinal passa en ce monde. Pendant cette nuit qui précéda sa mort, Mgr Morlot eut des moments d'angoisse et de calme terribles, alternant avec des défaillances que l'énergie de sa foi et de sa piété lui faisaient supporter avec une admirable résignation. A deux heures, les étouffements se produisaient avec une effrayante intensité; les souffrances du malade étaient horribles; il a demandé son médecin, qui, depuis plusieurs jours, ne le quittait plus. Les angoisses et les défaillances n'ont pas cessé depuis, et il a rendu son âme à Dieu le lundi 29, à six heures et demie du matin, en présence de MM. les vicaires généraux et de ses secrétaires.

Mgr Morlot venait d'accomplir sa soixante-septième année; il avait, pendant vingt-trois ans, occupé successivement trois des plus illustres siéges des églises de France : Orléans, Tours et Paris.

La douloureuse nouvelle fut annoncée le lundi matin à l'archevêché par un bulletin conçu en ces termes :

« Son Éminence a rendu son âme à Dieu, ce matin à six heures et demie. »

Les rapports des médecins constatent que Mgr Morlot a

succombé à une maladie de cœur qui s'est compliquée tout d'un coup, à partir du mercredi 24 décembre, d'une congestion sanguine de cet organe et des poumons.

Avant de toucher à sa dernière heure, le vénérable Prélat avait eu de grandes consolations : il avait reçu avec une profonde émotion la bénédiction que le Saint-Père lui avait transmise par le télégraphe; la visite de l'Empereur l'avait pénétré d'une vive reconnaissance; et enfin, il avait su l'anxiété si sympathique de toute la population de Paris, où son nom et ses vertus si chrétiennes étaient l'objet d'un respect unanime.

Lorsque l'Empereur est entré dans la chambre de l'illustre malade, toutes les personnes qui l'entouraient se sont immédiatement retirées, pour laisser une entière liberté à cet entretien suprême, dans lequel le vénérable Prélat allait dire ses dernières pensées et ses derniers adieux au Souverain, qui lui donnait ce dernier témoignage de sa confiance et de son attachement. On ne saura jamais sans doute ce qui se passa d'intime dans cette solennelle entrevue; mais on peut deviner le sens des suprêmes paroles adressées au Souverain par le prélat qu'illuminaient déjà les vives clartés de la mort.

Le jour même qu'il reçut la visite de l'Empereur, le cardinal Morlot reçut aussi celle du nonce apostolique. Mgr Chigi, avant de se retirer, voulut baiser les mains du cardinal archevêque; mais le pieux prélat s'y refusa, en disant : « C'est plutôt à moi à baiser vos mains, puisque vous représentez le Vicaire de Jésus-Christ. »

Constatons enfin que les plus grands noms de la politique, de la noblesse, de la science, de l'armée et de la magistrature, se sont inscrits dans les registres de l'archevêché pendant la maladie du cardinal. Aucune sympathie ne lui aura fait défaut, et il aura pu voir avant de mourir, ses intentions et sa conduite appréciées comme elles méritaient de l'être.

Le chapitre métropolitain se réunit dans la matinée du

mardi 29 pour pourvoir à la vacance du siége. Il a nommé vicaires capitulaires, pour administrer l'Eglise de Paris jusqu'à la nomination du futur archevêque, MM. les abbés Buquet, Surat et Véron, vicaires généraux de Son Eminence.

Le même jour, le chapitre métropolitain notifiait officiellement la mort du cardinal archevêque en publiant un mandement par lequel il ordonnait des prières pour le repos de son âme. Nous devons citer ce document important :

« Déjà, nos très-chers frères, la voix publique vous a fait connaître l'événement douloureux que nous avons la mission de vous annoncer officiellement. Déjà, après avoir été témoins du zèle empressé avec lequel vous êtes venu demander à Dieu la conservation des jours de votre premier pasteur, nos temples saints ont retenti de vos gémissements lorsque vous avez appris la mort de l'éminentissime et révérendissime cardinal François-Nicolas-Madeleine Morlot, archevêque de Paris et grand aumônier de l'Empereur, décédé hier, 29 décembre.

« Frappés comme vous par un coup si imprévu, nous ne pouvons vous parler que par nos larmes. Nous confions à d'autres le soin de relever les mérites d'un prélat qui, dans le cours de sa laborieuse carrière, pendant vingt-trois ans d'épiscopat, a dignement porté le poids des plus redoutables fonctions, et de vous rappeler avec quel dévoûment vous l'avez vu vous consacrer les dernières années de son ministère.

« Nous ne voulons aujourd'hui que vous exhorter à offrir à Dieu, pour le repos de son âme, des supplications publiques et privées. Laissons en ce moment tant d'autres titres, et ne nous souvenons que de celui de père, qui l'unissait à nous par des liens si intimes. Si la nature éprouve une vive affliction lorsque la mort enlève à une famille son chef bienaimé, comment nos cœurs ne seraient-ils pas profondément affectés en voyant disparaître celui qui tenait au milieu de nous la place de l'*invisible évêque et pasteur de nos âmes ?*

« Ce sera donc, nos très-chers frères, la piété filiale qui vous pressera d'implorer avec ferveur la miséricorde divine, afin que, sans délai, elle daigne ouvrir à notre pontife les tabernacles éternels où, nous en avons la confiance, il continuera d'intercéde pour nous. « Puissé-je, disait-il lui-même en recevant les derniers secours de l'Eglise le jour de la fête de saint Etienne, puissé-je bientôt dire comme le premier des martyrs : « Voici que je vois les cieux ouverts. » *Video cœlos apertos.* (Act. des Apôtres, c. VII, v. 55.)

« Ah ! s'il est nécessaire, hâtons par nos prières l'accomplissement de ce vœu touchant, expression sublime d'une âme vraiment chrétienne.

« Une autre obligation nous est imposée : investis, par les saints canons et les constitutions ecclésiastiques, du droit et de la charge de pourvoir au besoin de vos âmes jusqu'au jour où la divine Providence mettra fin à la viduité de l'Église de Paris, nous devons confier le gouvernement du diocèse à des mains fidèles et éprouvées, qui suffisent à tous les détails d'une vaste administration.

« A ces causes, après avoir invoqué les lumières du Saint-Esprit, et imploré la protection de la bienheureuse Vierge Marie, patronne spéciale de cette métropole, nous avons ordonné et ordonnons ce qui suit :

« ART. 1er. Dans toutes les églises paroissiales du diocèse, il sera célébré au premier jour non empêché, une messe solennelle, précédée la veille des vêpres des morts et des vigiles, pour le repos de l'âme d'éminentissime et révérendissime Père en Dieu Mgr François-Nicolas-Madeleine, cardinal Morlot, archevêque de Paris, grand aumônier de de l'empereur.

« Une messe sera également célébrée, à la même intention, dans toutes les chapelles des communautés ecclésiastiques et religieuses, hôpitaux et hospices, et autres établissements publics.

« De plus, à dater de la publication du présent mandement jusqu'au jour des obsèques de Son Éminence, tous les prêtres célébrant dans le diocèse réciteront à la messe la collecte *Deus, qui inter apostolicos sacerdotes*, avec la secrète et la post-communion de la messe *in die obitus Pontificis.*

« Art. 2. Nous avons nommé et nommons, pour administrer le diocèse de Paris pendant la vacance du siége :

« M. Buquet, avec le titre d'archidiacre de Notre-Dame ;
« M. Surat, avec le titre d'archidiacre de Sainte-Geneviève ;
« M. Véron, avec le titre d'archidiacre de Saint-Denys ;
« Et nous leur transmettons toute la juridiction dont l'Église nous a investis.

« Art. 3. MM. les vicaires capitulaires feront connaître le jour et l'heure où chacune des paroisses et des communautés ecclésiastiques viendra faire les prières accoutumées auprès de la dépouille mortelle de Son Eminence, et détermineront tout ce qui concerne les cérémonies des obsèques solennelles.

« Et sera le présent mandement lu, dès sa réception, dans l'assemblée des prêtres de chaque paroisse réunis au presbytère, publié dans toutes les églises et chapelles le dimanche qui en suivra la réception, et affiché partout où besoin sera.

« Donné à Paris, en notre salle capitulaire, sous le seing du chanoine faisant les fonctions de doyen, sous le sceau du chapitre, et le seing de notre secrétaire, le 30 décembre 1862.

« Molinier, *chanoine faisant les fonctions de doyen.*

« Par mandemant,

« Deboue, *chanoine, secrétaire du chapitre.* »

Le corps de Monseigneur, après avoir été embaumé, a été placé dans un des salons du rez-de-chaussée de l'archevêché, transformé en chapelle ardente. Il repose sur un riche catafalque magnifiquement orné et éclairé de lustres. Le prélat est revêtu de ses habits pontificaux, la mitre en tête ; le chapeau de cardinal est au pied du catafalque. Les traits de l'illustre défunt ne sont pas sensiblement altérés. Le calme et la résignation paraissent encore empreints sur son visage. Un autel a été dressé à la gauche du catafalque. Plusieurs messes sont célébrées chaque jour dans la chapelle mortuaire. Le clergé y récite continuellement l'office des morts. Le public n'a été admis à visiter la chapelle ardente que le vendredi, de une heure à quatre heures et les jours suivants de midi à quatre heures.

A l'heure où nous écrivons, vendredi 2 janvier, une foule immense de fidèles de toutes les conditions stationne dans la rue qui avoisine l'archevêché et sur le boulevard des Invalides, et, malgré la pluie et le froid, chacun attend avec une patience qu'aucun retard ne fatigue, le moment où il pourra entrer à son tour et contempler une dernière fois les traits du premier pasteur du diocèse. Dans ce pélerinage funèbre, dernier hommage de la piété du peuple de Paris et de son attachement au cardinal Morlot, deux choses sont remarquablement touchantes : c'est l'empressement avec lequel toutes les conditions et tous les âges se pressent à l'envi autour de ses restes mortels, et le respect religieux avec lequel cette foule s'acquitte de ce devoir suprême.

La chaire archiépiscopale, dans l'église de Notre-Dame, a été récouverte d'un voile étoilé et croisé d'argent.

On sait que le lundi 5 janvier, Mgr Morlot devait, à Notre-Dame, procéder à la translation solennelle des cercueils des archevêques, ses prédécesseurs, déplacés à cause des travaux de la basilique; cette cérémonie est différée, dit-on, au vendredi 9 janvier.

Les obsèques de Son Ém. le cardinal Morlot auront lieu jeudi prochain, 8 janvier, dans la métropole.

Tous les cardinaux français sont, dit-on, convoqués à Paris, pour rendre les derniers devoirs à leur vénérable collègue. Après la cérémonie, le corps du cardinal restera dans l'église jusqu'au vendredi, et sera alors descendu dans les caveaux avec ceux de ses prédécesseurs.

Les cardinaux sont entourés, dans leurs obsèques, des mêmes honneurs que les maréchaux de France. Les troupes font la haie; des députations des grands corps de l'État assistent à la cérémonie; l'Empereur et les princes de la famille impériale s'y font représenter.

L'archevêché de Paris comprend cinq évêchés suffragants, qui sont : Chartres, évêque, Mgr Regnault; Meaux, Mgr Allou; Orléans, Mgr Dupanloup; Blois, Mgr Duparc; Versailles, Mgr Mabile.

La mort de Mgr le cardinal Morlot réduit à cinq le nombre des cardinaux français. Voici leurs noms et leur âge :

Mgr le cardinal Billiet, archevêque de Chambéry, né le 28 février 1783; Mgr le cardinal de Bonald, archevêque de Lyon, né le 30 décembre 1787; Mgr le cardinal Gousset, archevêque de Reims, né le 1er mai 1792; Mgr le cardinal Donnet, archevêque de Bordeaux, né le 16 novembre 1795; Mgr le cardinal Mathieu, archevêque de Besancon, né le 20 janvier 1796.

Pleurons sur la mort de notre premier pasteur; pleurons, car sa mort laisse un vide difficile à remplir. Prions aussi pour ce père qui nous a tant de fois bénis, et qui a dépensé sa vie pour nous. Prions, afin d'obtenir du Dieu clément, mais juste aussi, qui trouve des taches dans ses élus, qu'il daigne abréger pour le pieux prélat les jours de l'épreuve. Nous aimons à croire que, s'il est déjà admis à chanter le cantique des bienheureux, il nous obtiendra la nomination d'un successeur digne de le remplacer et de recueillir l'héritage de saint Denis, un successeur qui sera comme il le fut, un évêque dévoué à son peuple, orné des qualités de cœur, d'esprit, de zèle et de fermeté qu'exigent à la fois et les temps difficiles où nous vivons, et l'importance du siége archiépiscopal de Paris, enfin un de ces hommes vraiment évangéliques, dont la foi, la simplicité, la bienfaisance, la vie austère et laborieuse font revivre dans notre siècle les évêques de l'Église primitive.

Les principaux organes de la presse ont déjà rendu hommage aux vertus du vénérable cardinal. En voici quelques témoignages :

« Le triste événement que tous les fidèles de l'archi-diocèse de Paris redoutaient, est arrivé ; Son Em. le cardinal Morlot, archevêque de Paris, est mort ce matin, à six heures et demie, dans les plus admirables sentiments de résignation, de piété et de foi. Ce n'est pas le moment de dire tout ce que Mgr Morlot a fait pendant son épiscopat : D'abord, évêque d'Orléans ; puis, archevêque de Tours ; enfin, archevêque de Paris, dans un temps et au milieu des circonstances bien difficiles, il s'est toujours montré plein d'attachement au saint-siége, plein de zèle pour toutes les bonnes œuvres, et d'une fidélité exemplaire à remplir tous les devoirs de sa redoutable charge. Il avait eu le bonheur et la gloire de rétablir la liturgie romaine dans le diocèse de Tours ; attaché du fond du cœur au centre de l'unité, il désirait introduire dans son nouveau diocèse cette unité de prières, qui est l'image et la sauvegarde de l'unité de la foi ; cette consolation lui a manqué. Aujourd'hui, il ne nous reste plus qu'à prier pour le pasteur que nous venons de perdre, et qu'à demander à Dieu de nous en envoyer un autre aussi pieux, aussi dévoué, et résolu à donner sa vie pour l'Église, qu'attendent encore tant de dangers et tant d'épreuves. » *(Monde.)*

« L'Église de France et le sacré-collége font une grande perte. Mgr Morlot était un prélat d'une piété profonde et d'une grande vertu ; sa sagesse, son calme, sa modération étaient remarquables ; il était animé d'un vif amour pour l'Église, d'un sentiment inébranlable du devoir, d'une filiale affection pour le saint-siége. » *(Union.)*

« Mgr Morlot s'était efforcé d'être avant tout un prêtre dévoué et fidèle. Il ne pouvait mieux comprendre sa mission, et il l'a remplie avec une abnégation, une simplicité, une persévérance dignes d'être bénies de Dieu et des hommes. » *(Journal des villes et des campagnes.)*

« Le malheur qui menaçait l'Église de France ne s'est que trop réalisé : Mgr le cardinal Morlot est mort ce matin à six heures et demie.

« C'est une grande et irréparable perte pour la religion, dont il représentait si bien l'esprit de charité divine ; pour le clergé, qui trouvait en lui, dans ses lumières et ses exemples, le guide le plus assuré ; pour les malheureux, qu'il secourait et qu'il consolait par sa bonté inépuisable ; pour l'Empereur, auquel il était lié par le plus noble dévouement. »

(*La France.*)

« Il était extrêmement affable. De toutes les personnes qui l'approchaient, aucune ne s'éloignait sans emporter, l'humble et le pauvre, une espérance sympathique, une consolation efficace ; le riche et le puissant, un délicat conseil, un charmant souvenir.

« Envers ses subordonnés, il était toujours paternel.

« Il était doux sans faiblesse. En toutes choses, il cherchait à faire prévaloir l'élément de conciliation. Lorsqu'il n'y parvenait pas, et qu'il était obligé de frapper, on aurait dit volontiers que la main qui faisait la blessure, apportait en même temps le baume pour la guérir.

« Il a réalisé ce beau portrait tracé par Mgr Dupanloup : « Ce que je « cherche d'abord, ce n'est pas ce qui sépare, c'est ce qui rapproche ; ce « n'est pas la querelle, c'est l'accord. Ce sont les points de départ com« muns ; puis j'aime alors à marcher de concert à la conquête d'un ac« cord plus parfait dans la vérité. »

« Aucune passion, autre que celle du bien et du devoir, n'avait accès dans cette âme si profondément chrétienne. *Je ne puis haïr*, disait-il.

« Levé tous les jours de grand matin, menant une vie pour ainsi dire de séminaire, qu'il avait établie autour de lui, tout aux autres et ne songeant pas à lui-même, il s'occupait sans relâche de l'administration de son diocèse, encourageait par sa présence et par ses paroles les œuvres charitables et religieuses, soutenait un grand nombre de pauvres par ses abondantes aumônes. Il est mort après avoir anticipé sur les revenus de ses charges pour augmenter le chiffre de ses aumônes, à cette époque si difficile de l'année. » (*La Semaine religieuse.*)

Mgr Morlot avait publié dans sa jeunesse des ouvrages sérieux d'instruction et de piété. On lui doit la seconde édition de l'*Explication de la doctrine chrétienne en forme de lectures*, qu'il a revue et corrigée. Cette *Explication* est un résumé substantiel du *Catéchisme dogmatique et moral*.

de Couturier. Le *Catéchisme du diocèse de Dijon*, expliqué par des sous-demandes et des récapitulations de Couturier, est aussi l'œuvre de Mgr Morlot. Enfin, les *Heures choisies*, ou *Recueil de prières pour tous les besoins de la vie avec des instructions pratiques pour toutes les fêtes*, qui a pour auteur feu madame d'Andelarre, ont été revues par Mgr Morlot. Outre ces ouvrages, Mgr Morlot a publié des mandements nombreux, courts, mais remarquables par leur clarté, par leur simplicité et par l'accent de piété qui les caractérisent.

Le cardinal Morlot a laissé quelque chose de plus précieux que ses œuvres écrites, c'est le souvenir du bien qu'il a fait, c'est le parfum et les heureuses impressions de ses vertus, ce sont ces touchants exemples d'un zèle qui dépensait toutes ses ardeurs au service de l'Eglise, d'une humilité qu'on ne trouva jamais en défaut, d'une bonté qui gagnait les cœurs par le charme de ses procédés, d'une charité dont Dieu seul connaît les ingénieuses délicatesses et les dévoûments, d'une austérité de religieux, et d'une piété de prédestiné. Voilà ce que survivra à Mgr Morlot, voilà ce qui lui assurera un culte immortel dans le souvenir de son clergé et de ses ouailles. De tels exemples ne seront pas perdus pour l'Eglise de Paris. Notre saint archevêque vous parlera du fond de son tombeau par la voix éloquente des exemples qu'il vous a laissés, et nous espérons qu'il en sortira une vertu puissante qui entretiendra le feu sacré du zèle et de la piété dans le cœur de ses prêtres et reconciliera Paris avec Jésus-Christ, dont il fut ici bas la personnification vivante.

Dernières nouvelles. — Dimanche 4 janvier.

MM. les vicaires capitulaires de Paris viennent de publier un mandement dans lequel ils racontent les vertus du vénérable archevêque. Ils annoncent en même temps que ses obsèques auront lieu le jeudi 8 janvier, en l'église métropolitaine. Le bourdon et toutes les cloches annonceront la cérémonie, la veille à sept heures du soir et le jour à sept heures du matin. La *Semaine religieuse* annonce que le convoi partira de l'archevêché à huit heures pour arriver à Notre-Dame à dix heures.

Un service solennel, dit de *quarantaine*, sera célébré dans l'église métropolitaine le jeudi 12 février, à l'issue duquel sera prononcée l'oraison funèbre de Son Éminence.

Voici, d'après le bref du diocèse de Paris, l'énumération des titres de l'illustre prélat :

S. Em. Mgr le cardinal MORLOT (François-Nicolas-Madeleine), né a Langres, le 28 décembre 1795; sacré évêque d'Orléans le 18 aout 1839; transféré a l'archevêché de Tours le 27 janvier 1843; créé cardinal dans le consistoire du 7 mars 1853; a reçu le chapeau des mains du Saint-Père, le 27 juin suivant, et le titre des SS. Nérée et Achillée; nommé archevêque de Paris le 24 janvier 1857, institué le 19 mars, a pris possession le 25 avril de la même année; nommé le 13 aout suivant grand aumonier de l'Empereur et primicier du chapitre impérial de Saint-Denis.

Mgr Morlot était, en outre, sénateur, en sa qualité de cardinal; membre du Conseil privé et du Conseil de régence et grand officier de la légion d'honneur.

PARIS. — IMP. W. REMQUET, GOUPY ET Ce, RUE GARANCIÈRE, 5.

www.ingramcontent.com/pod-product-compliance
Lightning Source LLC
LaVergne TN
LVHW020304230826
846091LV00006B/2510

* 9 7 8 2 0 1 2 9 4 0 2 5 3 *